Impressum
Verlag: BABADADA GmbH, Nedderfeld 112 , 22529 Hamburg
Geschäftsführer / Verlagsleitung: Harald Hof
Druck: Books on Demand GmbH, In de Tarpen 42, 22848 Norderstedt

Imprint
Publisher: BABADADA GmbH, Nedderfeld 112 , 22529 Hamburg, Germany
Managing Director / Publishing direction: Harald Hof
Print: Books on Demand GmbH, In de Tarpen 42, 22848 Norderstedt, Germany

AF221671

kool

школа

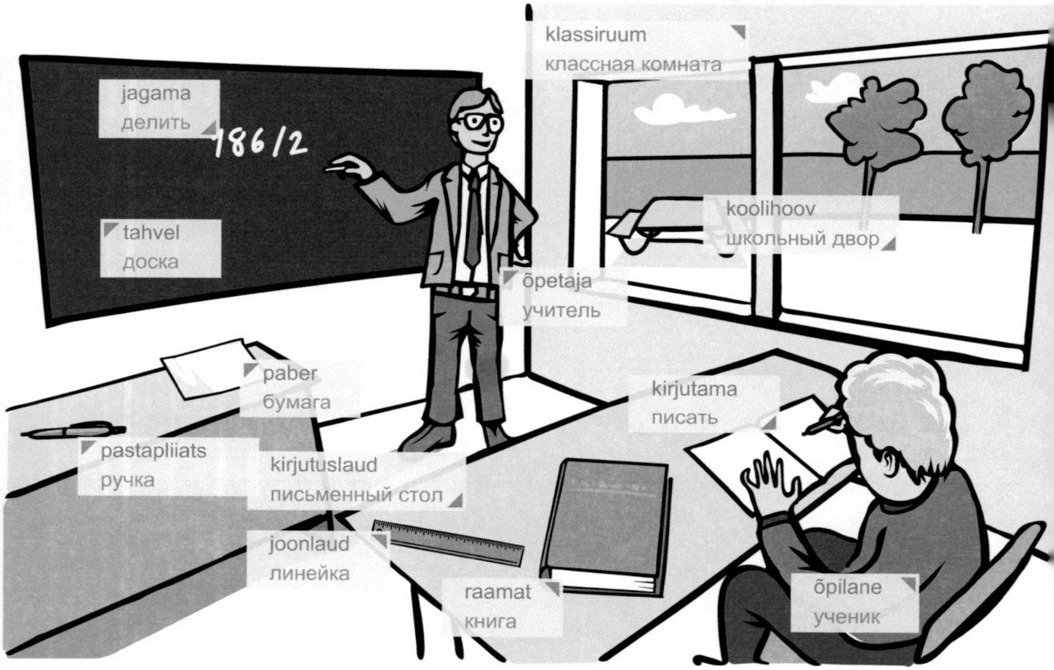

klassiruum
классная комната
jagama
делить
186/2
tahvel
доска
koolihoov
школьный двор
õpetaja
учитель
paber
бумага
kirjutama
писать
pastapliiats
ручка
kirjutuslaud
письменный стол
joonlaud
линейка
raamat
книга
õpilane
ученик

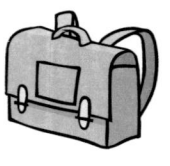

koolikott

ранец

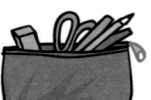

pinal

пенал

harilik pliiats

карандаш

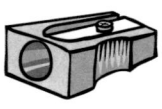

pliiatsiteritaja

точилка

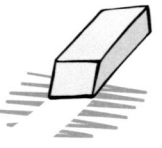

kustukumm

ластик

joonistusplokk

альбом для рисования

joonistus

рисунок

pintsel

кисточка

värvikarp

коробка красок

käärid

ножницы

liim

клей

töövihik

тетрадь

kodutöö

домашняя работа

number

цифра

liitma

прибавлять

lahutama

вычитать

korrutama

умножать

arvutama

считать

täht

буква

tähestik

алфавит

sõna

слово

tekst

текст

lugema

читать

kriit

мел

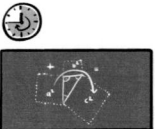

koolitund

урок

klassipäevik

классный журнал

eksam

экзамен

tunnistus

диплом

koolivorm

школьная форма

haridus

образование

entsüklopeedia

энциклопедия

ülikool

университет

mikroskoop

микроскоп

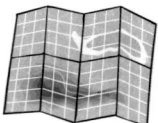

kaart

карта

paberikorv

корзина для бумаг

reisimine

путешествие

hotell
гостиница
Grand
hostel
турбаза
ROOMS
EXCHANGE
valuutavahetuspunkt
пункт обмена валюты
kohver
чемодан
auto
автомобиль

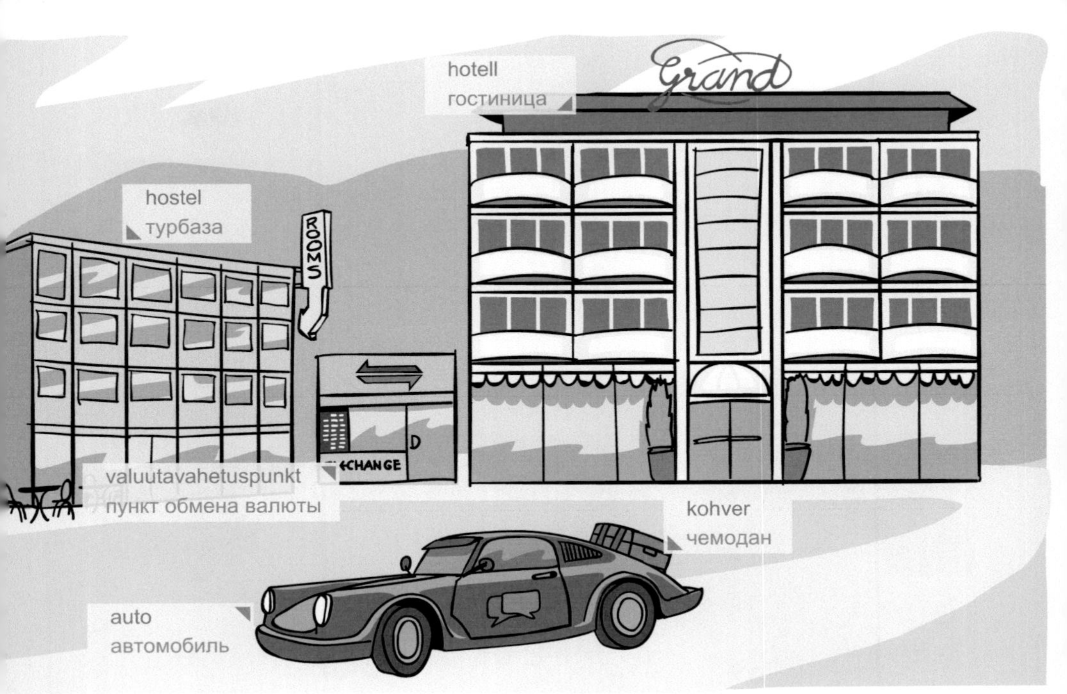

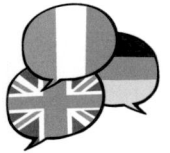

keel

язык

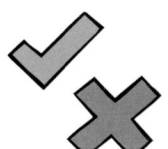

jah / ei

да / нет

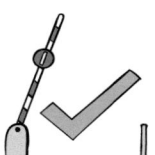

okei

хорошо

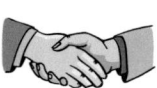

Tere!

Привет

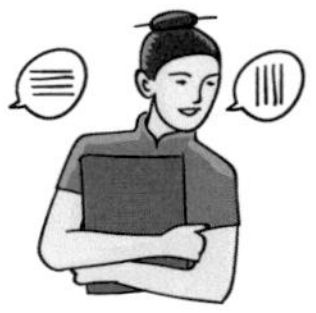

tõlk

переводчик

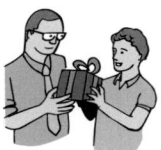

Aitäh!

Спасибо

Kui palju maksab …?

Сколько стоит…?

Ma ei saa aru

Я не понимаю

probleem

проблема

Tere õhtust!

Добрый вечер!

Tere hommikust!

Доброе утро!

Head ööd!

Доброй ночи!

Head aega!

До свидания

suund

направление

pagas

багаж

kott

сумка

seljakott

рюкзак

külaline

гость

tuba

комната

magamiskott

спальный мешок

telk

палатка

turismiinfo

туристическая информация

rand

пляж

krediitkaart

кредитная карточка

hommikusöök

завтрак

lõunasöök

обед

õhtusöök

ужин

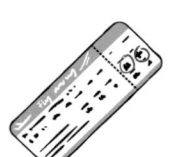

pilet

билет

lift

лифт

postmark

почтовая марка

riigipiir

граница

toll

таможня

saatkond

посольство

viisa

виза

pass

паспорт

transport

транспорт

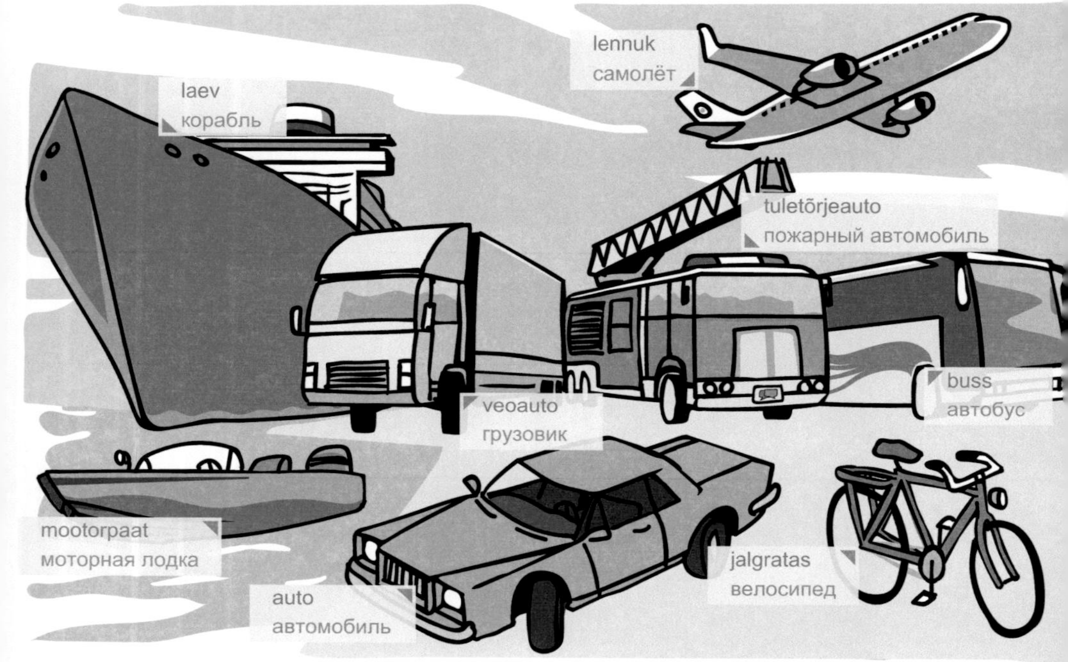
lennuk
самолёт
laev
корабль
tuletõrjeauto
пожарный автомобиль
buss
автобус
veoauto
грузовик
mootorpaat
моторная лодка
jalgratas
велосипед
auto
автомобиль

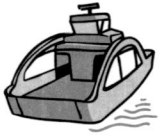

praam

паром

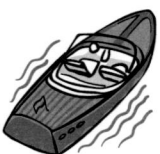

paat

лодка

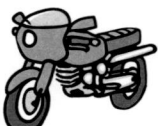

mootorratas

мотоцикл

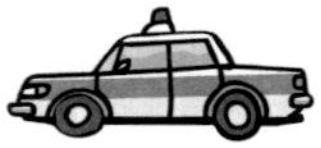

politseiauto

полицейский автомобиль

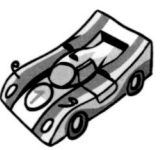

võidusõiduauto

гоночный автомобиль

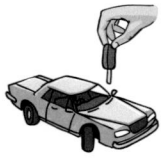

rendiauto

арендованный автомобиль

ühisauto

совместное пользование
автомобилями

puksiirauto

буксировочный
автомобиль

prügiauto

мусоровоз

mootor

двигатель

kütus

топливо

tankla

заправка

liiklusmärk

дорожный знак

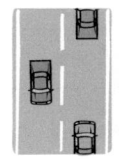

liiklus

движение

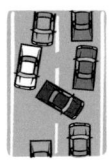

liiklusummik

пробка

parkla

автостоянка

raudteejaam

вокзал

rööpad

рельсы

rong

поезд

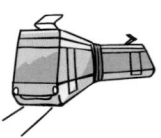

tramm

трамвай

vagun

вагон

helikopter
вертолёт

lennujaam
аэропорт

torn
вышка

reisija
пассажир

konteiner
контейнер

pappkast
коробка

käru
тележка

korv
корзина

õhku tõusma / maanduma
взлетать / приземляться

linn
город

küla
деревня

kesklinn
центр города

maja
дом

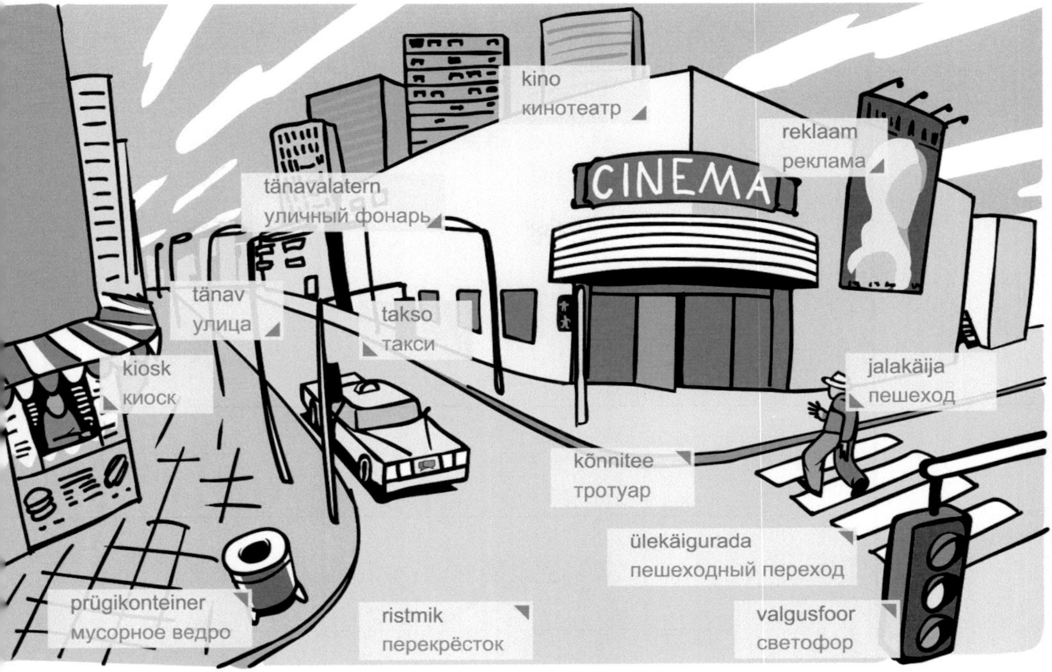

kino
кинотеатр

reklaam
реклама

tänavalatern
уличный фонарь

tänav
улица

takso
такси

CINEMA

jalakäija
пешеход

kiosk
киоск

kõnnitee
тротуар

ülekäigurada
пешеходный переход

prügikonteiner
мусорное ведро

ristmik
перекрёсток

valgusfoor
светофор

osmik

хижина

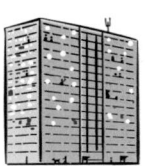

kortermaja

квартира

raudteejaam

вокзал

raekoda

ратуша

muuseum

музей

kool

школа

ülikool

университет

pank

банк

haigla

больница

hotell

гостиница

apteek

аптека

kontor

офис

raamatupood

книжный магазин

kauplus

магазин

lillepood

цветочный магазин

supermarket

супермаркет

turg

рынок

kaubamaja

универмаг

kalapood

торговец рыбой

kaubanduskeskus

торговый центр

sadam

порт

park

парк

pink

скамейка

sild

мост

trepp

лестница

metroo

метро

tunnel

тоннель

bussipeatus

автобусная остановка

baar

бар

restoran

ресторан

postkast

почтовый ящик

tänavasilt

табличка с названием
улицы

parkimisautomaat

паркометр

loomaaed

зоопарк

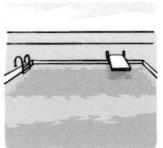

ujula

бассейн

mošee

мечеть

linn - город

talu

ферма

reostus

загрязнение окружающей среды

surnuaed

кладбище

kirik

церковь

mänguväljak

детская площадка

tempel

храм

maastik
ландшафт

leht
лист

teeviit
дорожный указатель

tee
дорога

aas
луг

kivi
камень

puu
дерево

matkaja
путешественник

jõgi
река

rohi
трава

lill
цветок

org

долина

mägi

гора

järv

озеро

mets

лес

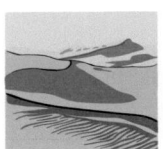

kõrb

пустыня

vulkaan

вулкан

linnus

замок

vikerkaar

радуга

seen

гриб

palm

пальма

sääsk

комар

kärbes

муха

sipelgas

муравей

mesilane

пчела

ämblik

паук

mardikas

жук

konn

лягушка

orav

белка

siil

еж

jänes

заяц

öökull

сова

lind

птица

luik

лебедь

metssiga

кабан

hirv

олень

põder

лось

pais

плотина

tuuleturbiin

ветряной генератор

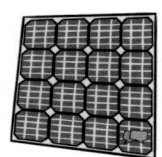

päikesepaneel

солнечная батарея

kliima

климат

restoran
ресторан

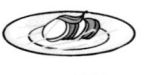

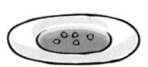

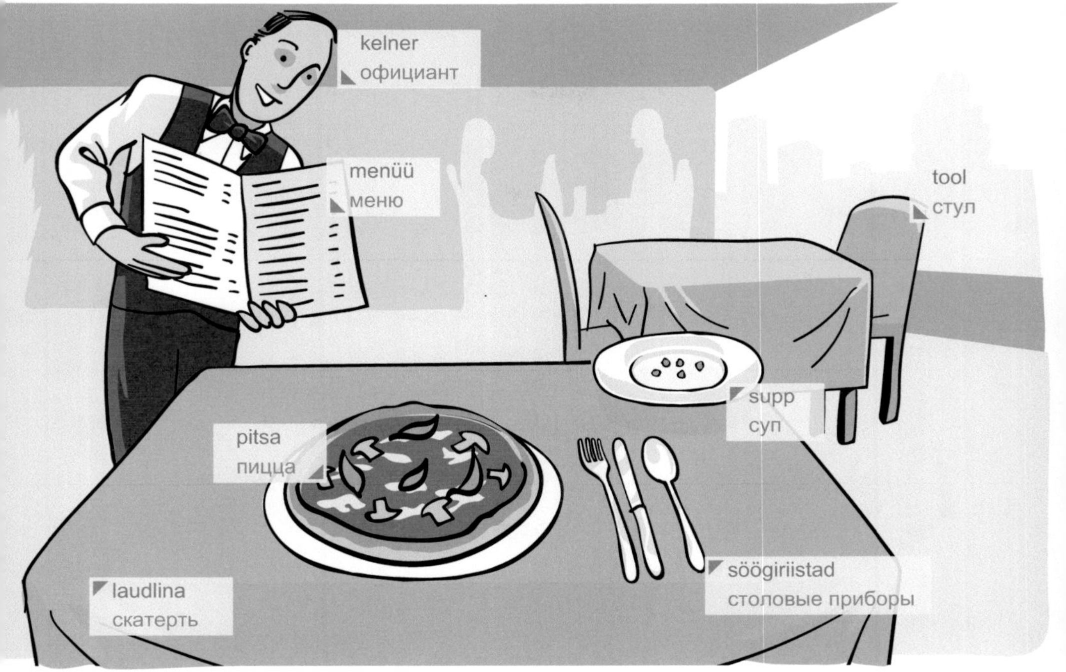

kelner
официант
menüü
меню
tool
стул
supp
суп
pitsa
пицца
söögiriistad
столовые приборы
laudlina
скатерть

eelroog

закуска

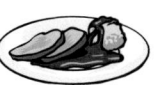

pearoog

главное блюдо

magustoit

десерт

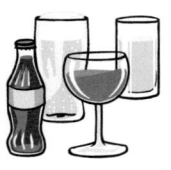

joogid

напитки

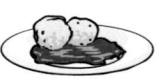

toit

еда

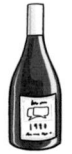

pudel

бутылка

kiirtoit

фастфуд

tänavatoit

уличная еда

teekann

чайник

suhkrutoos

сахарница

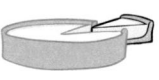

portsjon

порция

espressomasin

кофеварка

lastetool

детский стульчик

arve

счет

kandik

поднос

nuga

нож

kahvel

вилка

lusikas

ложка

teelusikas

чайная ложка

salvrätik

салфетка

klaas

стакан

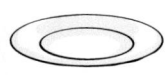

taldrik

тарелка

supitaldrik

суповая тарелка

alustass

блюдце

kaste

соус

soolatoos

солонка

pipraveski

мельница для перца

äädikas

уксус

õli

масло

vürtsid

специи

ketšup

кетчуп

sinep

горчица

majonees

майонез

supermarket
супермаркет

eripakkumine
специальное предложение
FOR
klient
покупатель
piimatooted
молочные продукты
puuviljad
фрукты
ostukäru
тележка для покупок

BUTCHERS

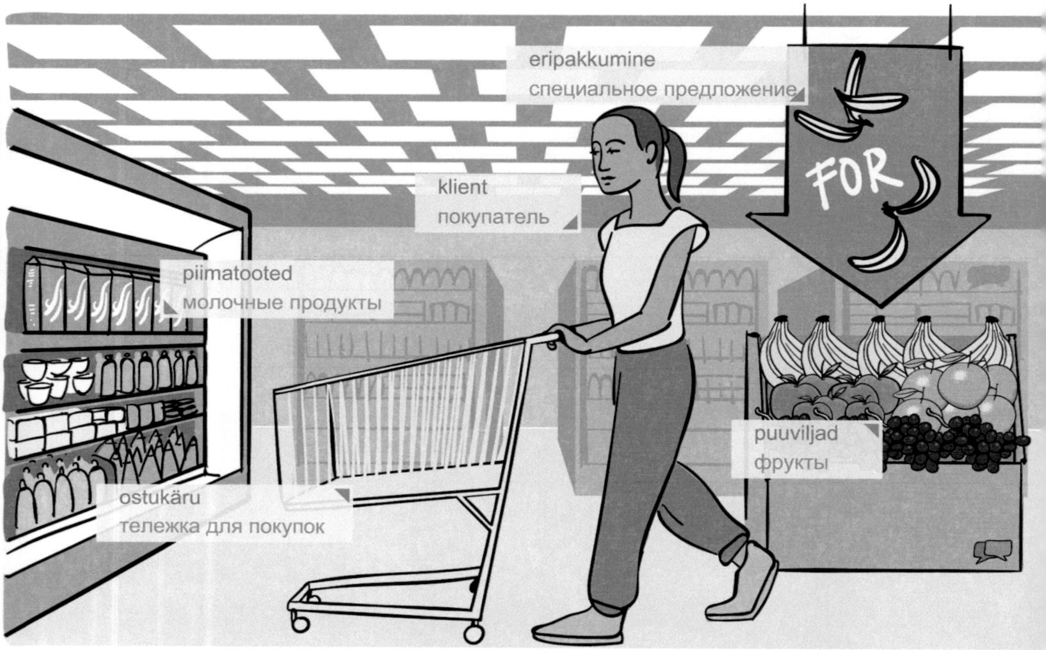

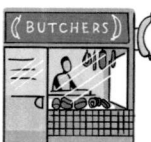

lihapood

мясной магазин

BAKERY

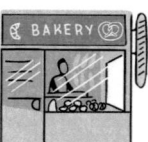

pagariäri

пекарня

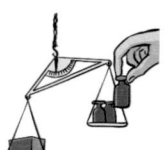

kaaluma

взвешивать

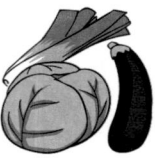

köögiviljad

овощи

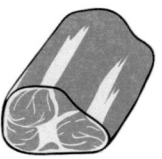

liha

мясо

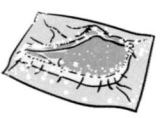

külmutatud toit

быстрозамороженные продукты

lihalõigud

нарезка

konservid

консервы

pesupulber

стиральный порошок

maiustused

сладости

majatarbed

предмет домашнего обихода

puhastustooted

моющее средство

müüja

продавщица

kassaaparaat

касса

kassapidaja

кассир

ostunimekiri

список покупок

lahtiolekuajad

время работы

rahakott

бумажник

krediitkaart

кредитная карточка

kott

сумка

kilekott

полиэтиленовый пакет

vesi

вода

mahl

сок

piim

молоко

koola

кока-кола

vein

вино

õlu

пиво

alkohol

алкоголь

kakao

какао

tee

чай

kohv

кофе

espresso

эспрессо

cappuccino

капучино

banaan

банан

õun

яблоко

apelsin

апельсин

arbuus

арбуз

sidrun

лимон

porgand

морковь

küüslauk

чеснок

bambus

бамбук

sibul

лук

seen

гриб

pähklid

орехи

nuudlid

лапша

spagetid

спагетти

riis

рис

salat

салат

friikartulid

картофель фри

praekartulid

жареный картофель

pitsa

пицца

hamburger

гамбургер

võileib

сэндвич

šnitsel

шницель

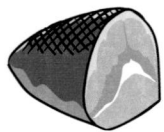

sink

ветчина

salaami

салями

vorst

колбаса

kana

курица

praeliha

жаркое

kala

рыба

kaerahelbed

овсяные хлопья

müsli

мюсли

maisihelbed

кукурузные хлопья

jahu

мука

sarvesai

круассан

kukkel

булочка

leib

хлеб

röstsai

тост

küpsised

печенье

või

масло

kohupiim

творог

kook

пирог

muna

яйцо

praemuna

яичница

juust

сыр

jäätis

мороженое

suhkur

сахар

mesi

мёд

moos

мармелад

pähklivõie

крем с нугой

karri

карри

talu

ферма

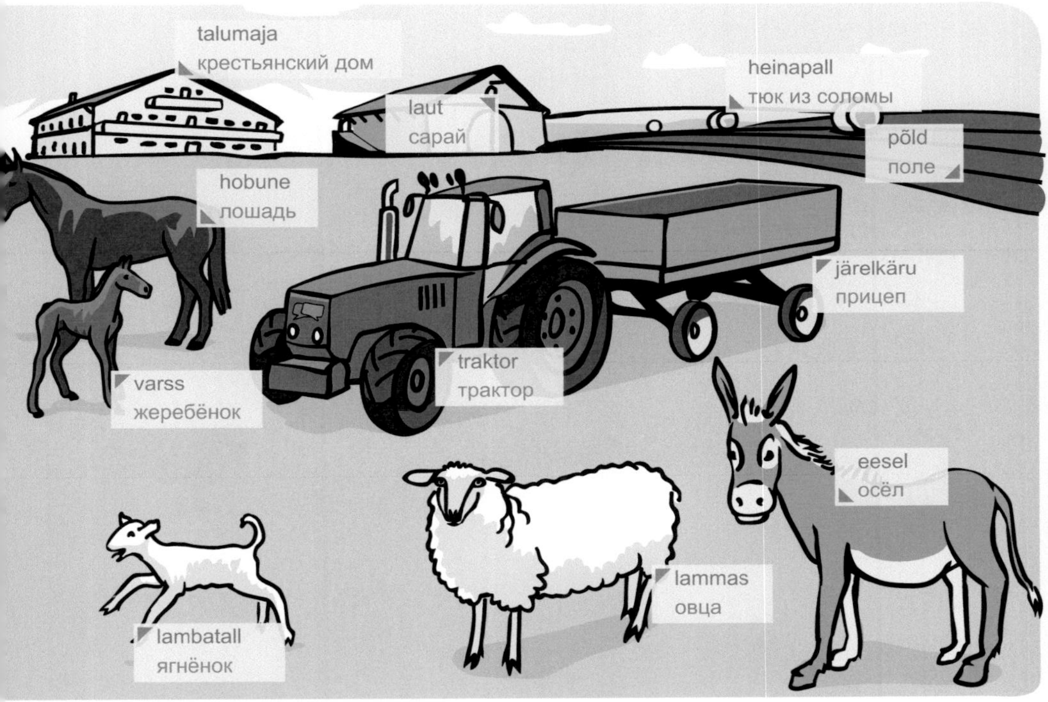
talumaja
крестьянский дом
laut
сарай
heinapall
тюк из соломы
põld
поле
hobune
лошадь
järelkäru
прицеп
traktor
трактор
varss
жеребёнок
eesel
осёл
lammas
овца
lambatall
ягнёнок

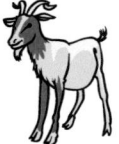

kits

коза

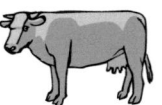

lehm

корова

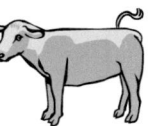

vasikas

телёнок

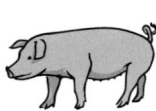

siga

свинья

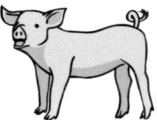

põrsas

поросёнок

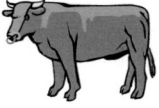

pull

бык

hani

гусь

part

утка

tibu

цыплёнок

kana

курица

kukk

петух

rott

крыса

kass

кошка

hiir

мышь

härg

вол

koer

собака

koerakuut

конура

aiavoolik

садовый шланг

kastekann

лейка

vikat

коса

ader

плуг

sirp

серп

kõblas

мотыга

hang

навозные вилы

kirves

топор

käru

тачка

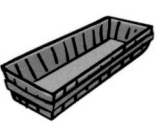

küna

корыто

piimanõu

бидон для молока

kott

мешок

tara

забор

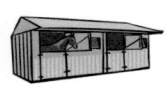

tall

хлев

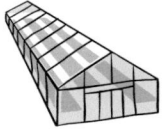

kasvuhoone

теплица

muld

почва

seeme

посев

väetis

удобрение

kombain

комбайн

saaki koristama

собирать урожай

saagikoristus

урожай

jamss

ямс

nisu

пшеница

soja

соя

kartul

картофель

mais

кукуруза

raps

рапс

viljapuu

фруктовое дерево

maniokk

маниок

teravili

злаки

maja

дом

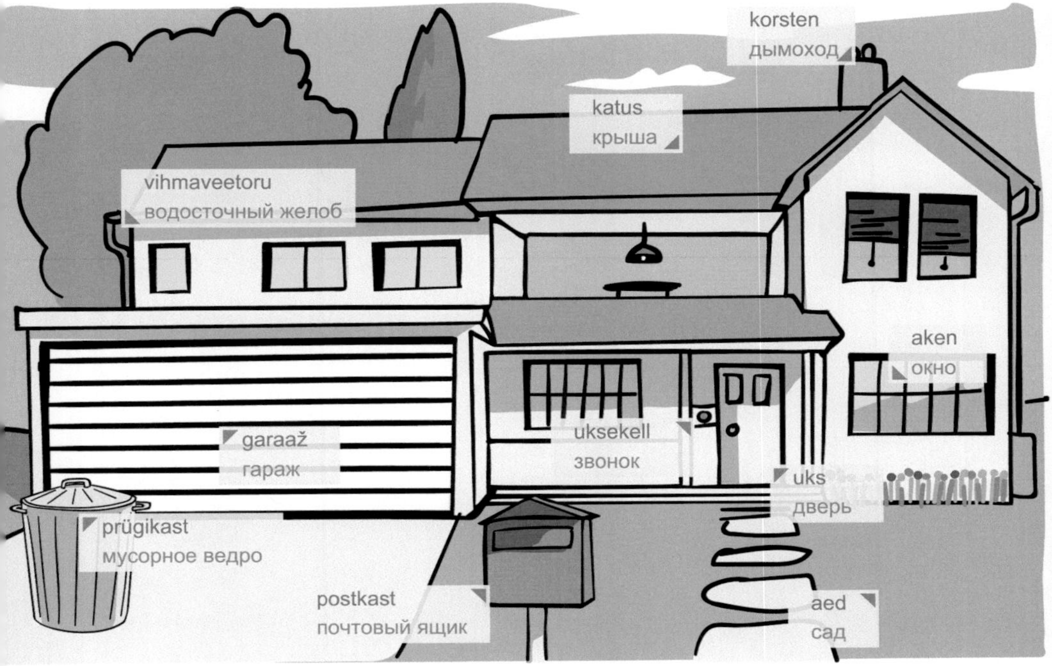

korsten
дымоход
katus
крыша
vihmaveetoru
водосточный желоб
aken
окно
garaaž
гараж
uksekell
звонок
uks
дверь
prügikast
мусорное ведро
postkast
почтовый ящик
aed
сад

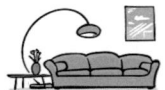

elutuba

гостиная

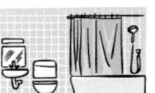

vannituba

ванная комната

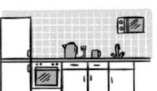

köök

кухня

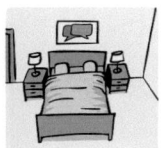

magamistuba

спальня

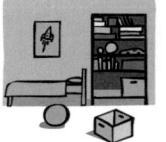

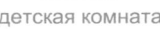

lastetuba

детская комната

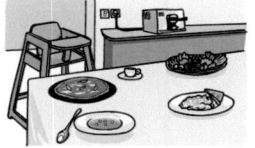

söögituba

столовая

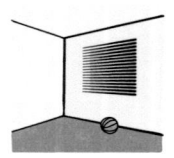

põrand

пол

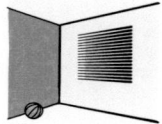

sein

стена

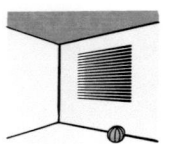

lagi

потолок

kelder

подвал

saun

сауна

rõdu

балкон

terrass

терраса

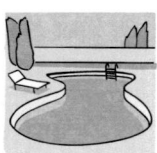

bassein

бассейн

muruniiduk

газонокосилка

voodilina

пододеяльник

päevatekk

покрывало

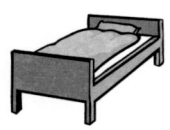

voodi

кровать

luud

метла

ämber

ведро

lüliti

выключатель

elutuba

гостиная

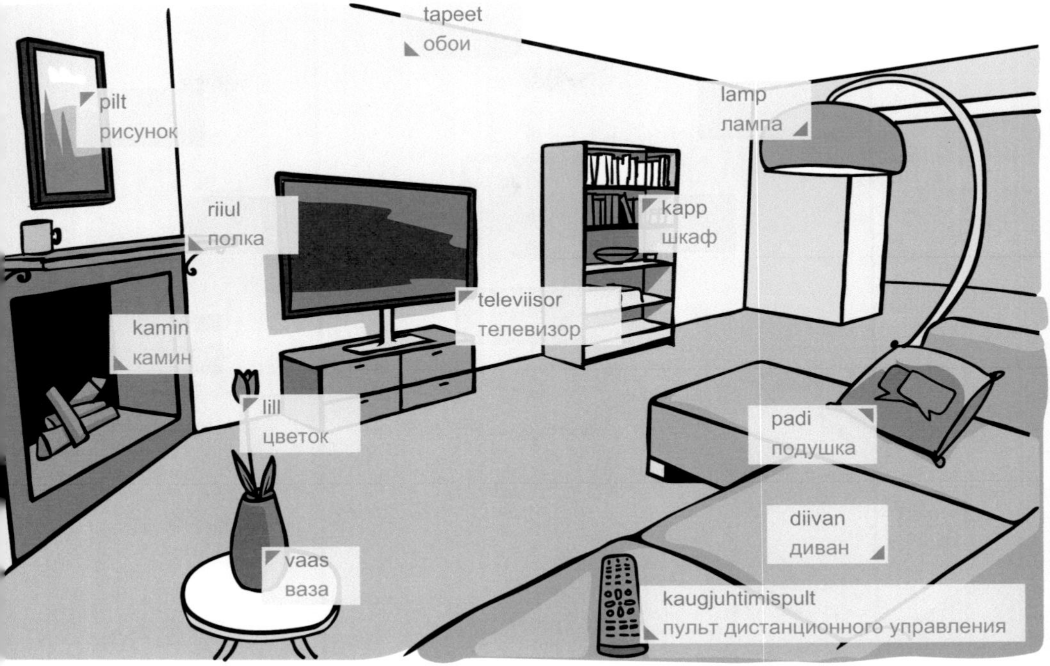

tapeet
обои
pilt
рисунок
lamp
лампа
riiul
полка
kapp
шкаф
televiisor
телевизор
kamin
камин
lill
цветок
padi
подушка
diivan
диван
vaas
ваза
kaugjuhtimispult
пульт дистанционного управления

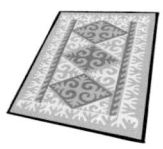

vaip

ковёр

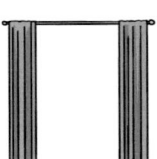

kardin

штора

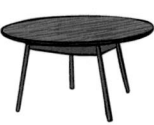

laud

стол

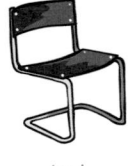

tool

стул

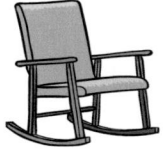

kiiktool

кресло-качалка

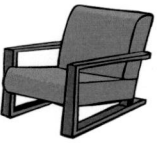

tugitool

кресло

raamat

книга

tekk

покрывало

kaunistus

украшение

küttepuud

дрова

film

фильм

helisüsteem

стереосистема

võti

ключ

ajaleht

газета

maal

картина

plakat

плакат

raadio

радио

märkmik

блокнот

tolmuimeja

пылесос

kaktus

кактус

küünal

свеча

köök

кухня

külmik
холодильник
mikrolaineahi
микроволновая печь
köögikaal
кухонные весы
röster
тостер
pesuvahend
моющее средство
ahi
духовка
sügavkülmik
морозилка
prügikast
мусорное ведро
nõudepesumasin
посудомоечная машина

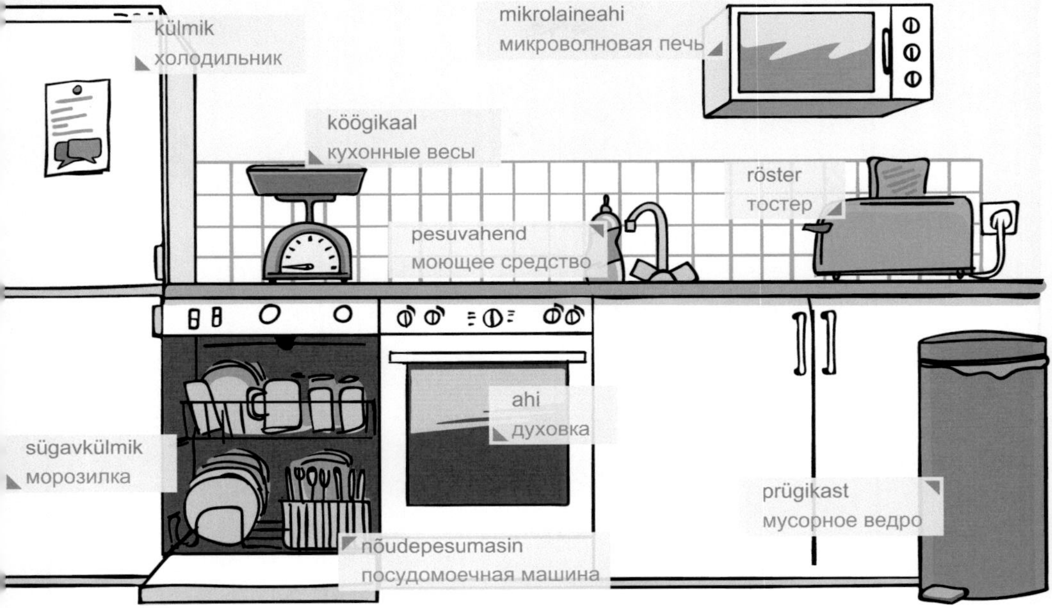

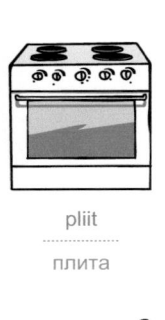

pliit

плита

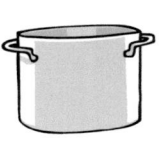

pott

кастрюля

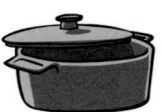

malmpott

чугунный котелок

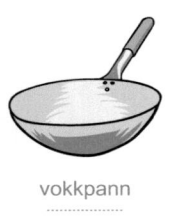

vokkpann

вок / кадай

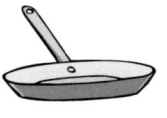

pann

сковорода

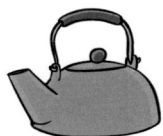

veekeetja

чайник

aurutaja

пароварка

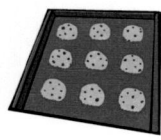

küpsetusplaat

противень

lauanõud

посуда

kruus

кружка

kauss

миска

söögipulgad

палочки для еды

kulp

половник

pannilabidas

лопатка

vispel

сбивалка

kurn

сито

sõel

сито

riiv

тёрка

uhmer

ступка

grill

гриль

lahtine tuli

костёр

lõikelaud
доска

tainarull
скалка

korgitser
штопор

konservipurk
жестяная банка

konserviavaja
консервный нож

pajakinnas
прихватка

kraanikauss
раковина

hari
щетка

pesukäsn
губка

kannmikser
миксер

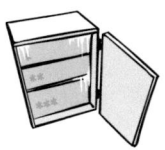

sügavkülmuti
морозильная камера

lutipudel
бутылочка для кормления

segisti
кран

vannituba

ванная комната

küte
отопление
dušš
душ
käterätik
полотенце
duššikardin
душевая занавеска
mullivann
пенистая ванна
vann
ванна
klaas
стакан
pesumasin
стиральная машина
segisti
кран
plaadid
плитка
pissipott
горшок
kraanikauss
раковина

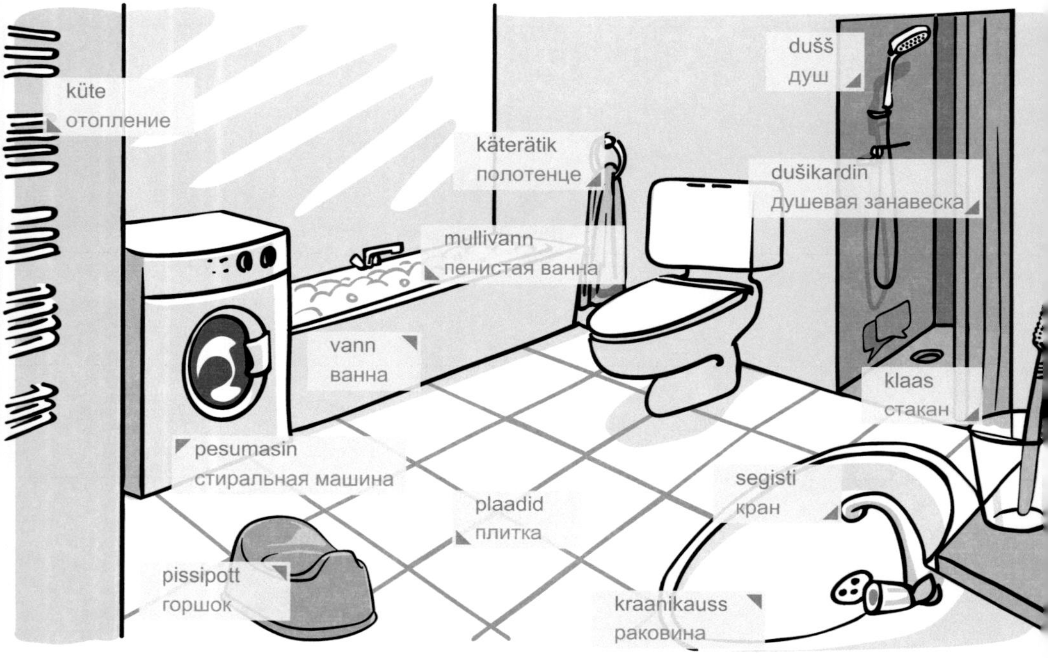

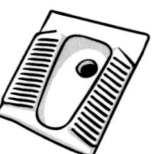

WC-pott

туалет

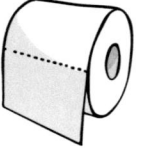

kükitamistualett

напольный унитаз

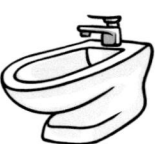

bidee

биде

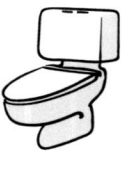

pissuaar

писсуар

tualettpaber

туалетная бумага

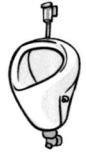

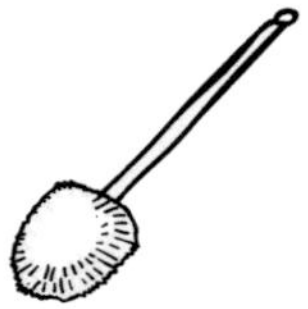

WC-hari

ершик

hambahari

зубная щетка

hambapasta

зубная паста

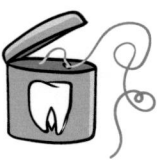

hambaniit

зубная нить

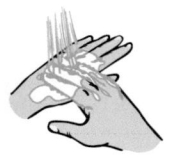

pesema

мыть

käsidušš

ручной душ

intiimdušš

интимный душ

pesukauss

таз

seljahari

щетка для спины

seep

мыло

dušigeel

гель для душа

šampoon

шампунь

vamm

мочалка

äravool

сток

kreem

крем

deodorant

дезодорант

peegel

зеркало

käsipeegel

ручное зеркало

habemenuga

бритва

raseerimisvaht

пена для бритья

habemevesi

лосьон после бритья

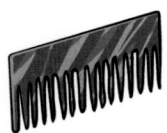

kamm

расческа

hari

щетка

föön

фен

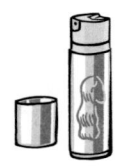

juukselakk

лак для волос

meigikomplekt

косметика

huulepulk

губная помада

küünelakk

лак для ногтей

vatt

вата

küünekäärid

маникюрные ножницы

parfüüm

духи

tualett-tarvete kott

косметичка

taburet

табуретка

kaal

весы

hommikumantel

халат

kummikindad

резиновые перчатки

tampoon

тампон

hügieeniside

гигиеническая прокладка

keemiline tualett

биотуалет

lastetuba
детская комната

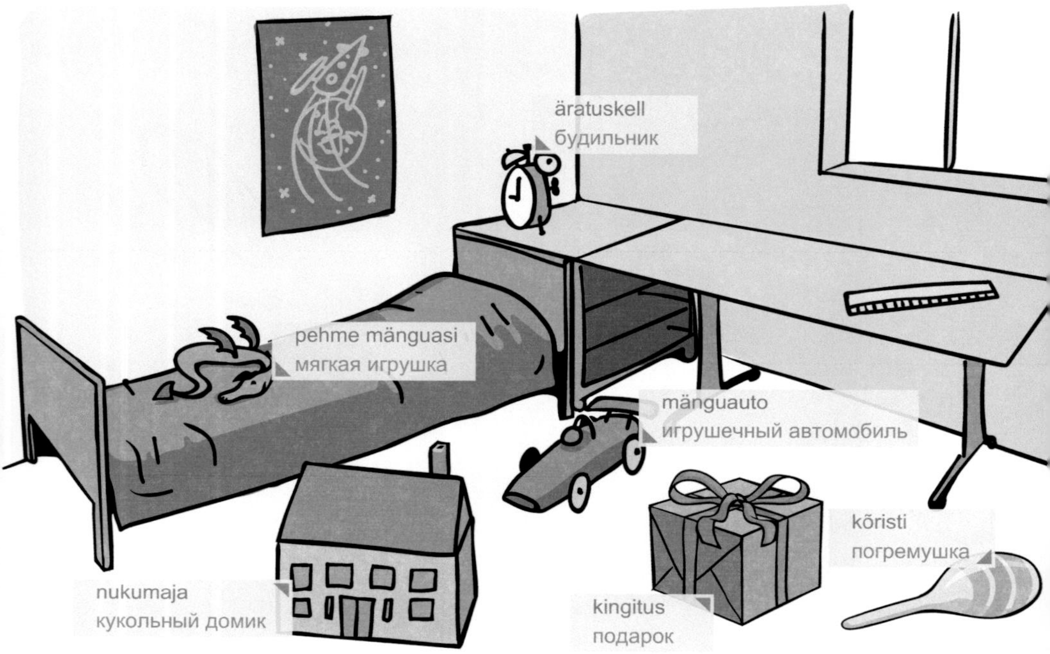
äratuskell
будильник
pehme mänguasi
мягкая игрушка
mänguauto
игрушечный автомобиль
kõristi
погремушка
nukumaja
кукольный домик
kingitus
подарок

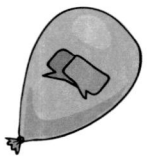

õhupall
воздушный шар

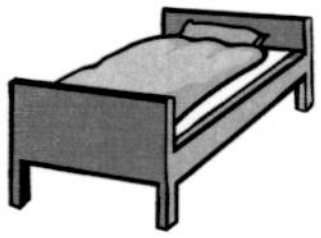
voodi
кровать

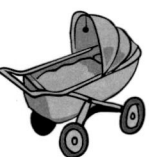

lapsevanker
детская коляска

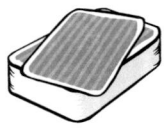

kaardipakk
карточная игра

pusle
пазл

SUPER
MEGA
koomiks
комикс

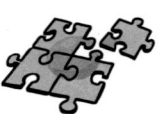

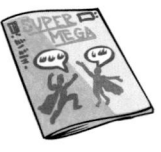

Lego klotsid

кирпичики Лего

klotsid

кубики

kujuke

игрушечная фигурка

siputuspüksid

ползунки

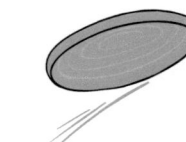

lendav taldrik

фрисби

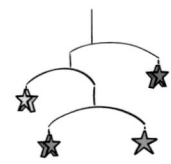

voodikarussell

мобиле

lauamäng

настольная игра

täringud

кубик

mudelrong

модель железной дороги

lutt

соска

pidu

вечеринка

pildiraamat

книга с картинками

pall

мяч

nukk

кукла

mängima

играть

liivakast

песочница

kiik

качели

mänguasjad

игрушка

mängukonsool

игровая приставка

kolmerattaline jalgratas

трёхколесный велосипед

mängukaru

плюшевый медвежонок

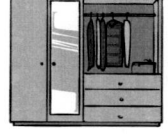

riidekapp

шкаф для одежды

riietus

одежда

sokid

носки

sukad

чулки

sukkpüksid

колготки

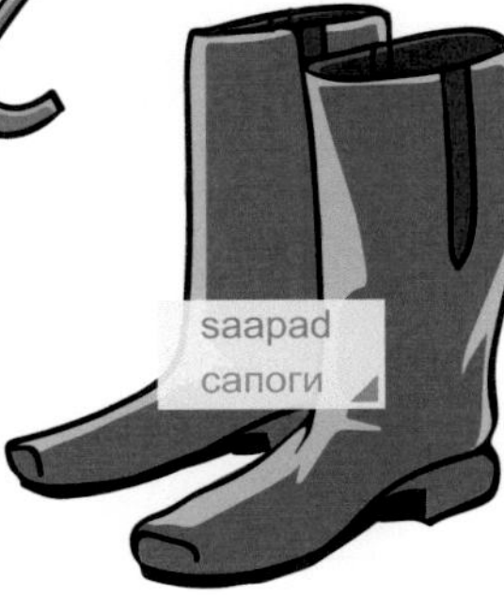

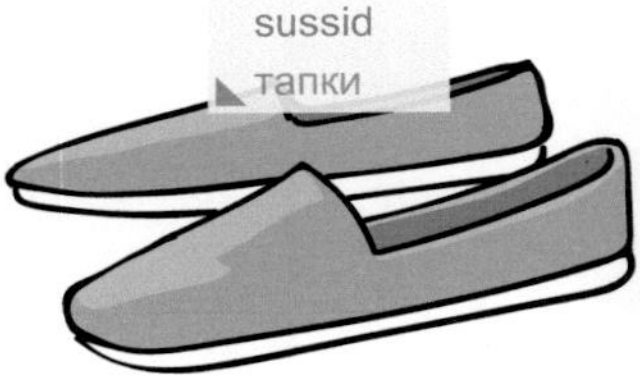

sall
шарф

vihmavari
зонтик

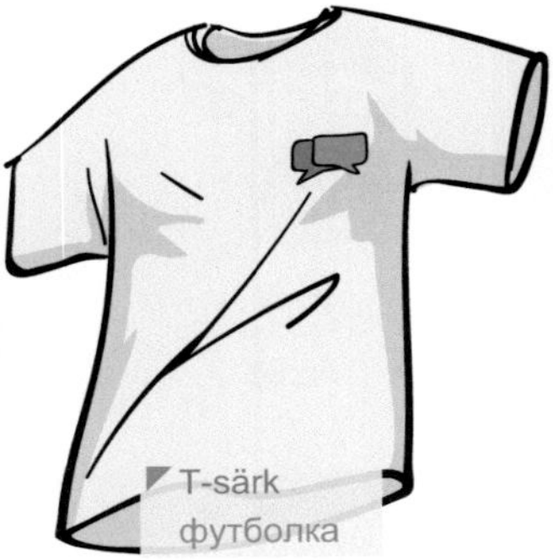

T-särk
футболка

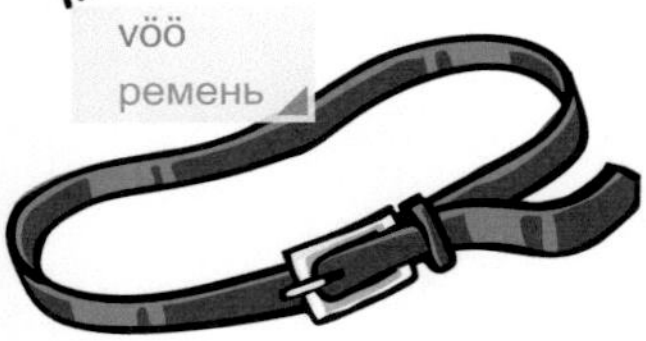

vöö
ремень

sussid
тапки

saapad
сапоги

tossud
кроссовки

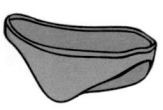

sandaalid
....
сандалии

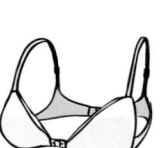

jalatsid
....
ботинки

kummikud
....
резиновые сапоги

aluspüksid
....
трусы

rinnahoidja
....
бюстгальтер

vest
....
майка

bodi

боди

püksid

брюки

teksapüksid

джинсы

seelik

юбка

pluus

блузка

särk

рубашка

sviiter

свитер

dressipluus

свитер

bleiser

спортивная куртка

jakk

жакет

mantel

пальто

vihmamantel

плащ

kostüüm

костюм

kleit

платье

pulmakleit

свадебное платье

ülikond

мужской костюм

öösärk

ночная сорочка

pidžaama

пижама

sari

сари

pearätt

платок

turban

тюрбан

burka

паранджа

kaftan

кафтан

abayah

абайя

ujumistrikoo

купальник

ujumispüksid

плавки

lühikesed püksid

шорты

dressid

спортивный костюм

põll

фартук

kindad

перчатки

nööp

пуговица

prillid

очки

käevõru

браслет

kaelakee

цепочка

sõrmus

кольцо

kõrvarõngas

серьга

nokamüts

шапка

riidepuu

вешалка

kaabu

шляпа

lips

галстук

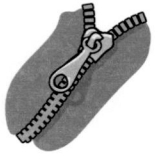

tõmblukk

застежка молния

kiiver

шлем

traksid

подтяжки

koolivorm

школьная форма

vormirõivad

форма

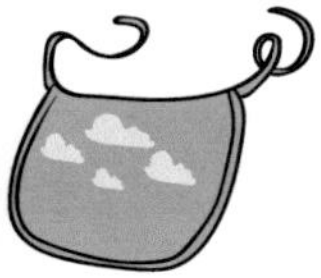

pudipõll

детский нагрудник

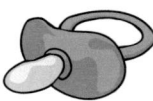

lutt

соска

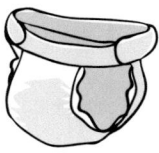

mähe

подгузник

kontor

офис

server
сервер
arhiivikapp
канцелярский шкаф
printer
принтер
paber
бумага
monitor
монитор
kirjutuslaud
письменный стол
hiir
мышь
kaust
папка
klaviatuur
клавиатура
paberikorv
корзина для бумаг
arvuti
компьютер
tool
стул

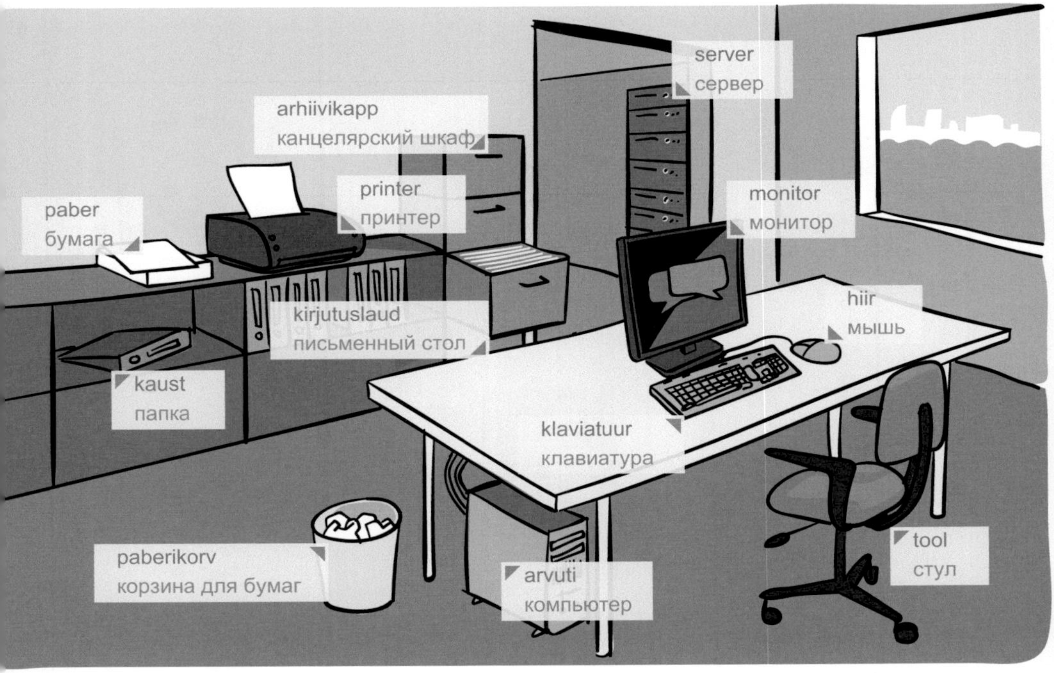

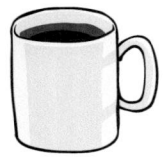

kohvikruus

кофейная кружка

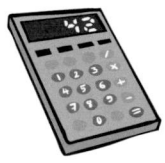

kalkulaator

калькулятор

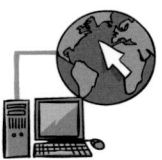

internet

интернет

sülearvuti

ноутбук

kiri

письмо

sõnum

сообщение

mobiiltelefon

мобильный телефон

võrk

сеть

koopiamasin

ксерокс

tarkvara

программа

telefon

телефон

pistikupesa

розетка

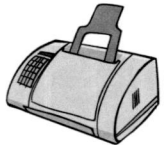

faksimasin

факс

vorm

формуляр

dokument

документ

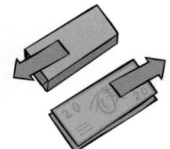

ostma

покупать

maksma

платить

vahetama

торговать

raha

деньги

dollar

доллар

euro

евро

jeen

иена

rubla

рубль

Šveitsi frank

франк

renminbi jüaan

жэньминьби юань

ruupia

рупия

sularahaautomaat

банкомат

valuutavahetuspunkt

пункт обмена валюты

kuld

золото

hõbe

серебро

nafta

нефть

energia

энергия

hind

цена

leping

договор

maks

налог

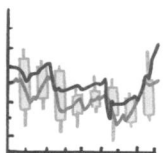

aktsia

акция

töötama

работать

töötaja

служащий

tööandja

работодатель

tehas

фабрика

kauplus

магазин

ametid

профессии

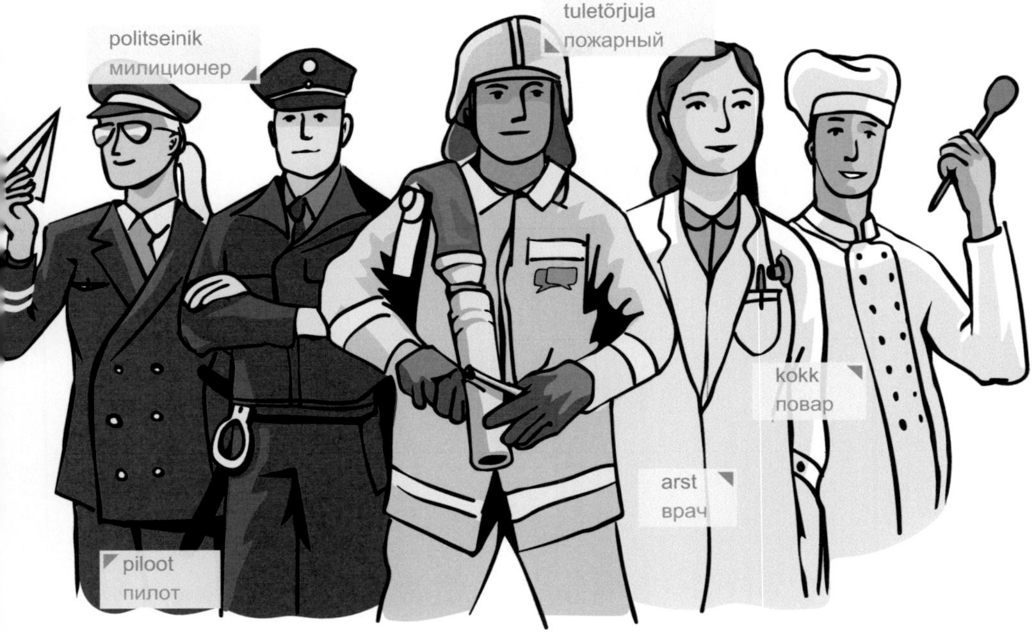

politseinik
милиционер
tuletõrjuja
пожарный
kokk
повар
arst
врач
piloot
пилот

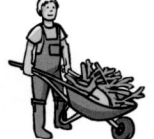

aednik

садовник

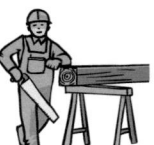

puusepp

столяр

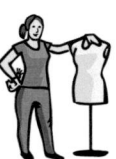

õmbleja

швея

kohtunik

судья

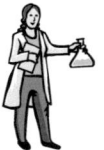

keemik

химик

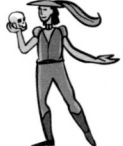

näitleja

актёр

bussijuht

водитель автобуса

taksojuht

таксист

kalamees

рыбак

koristaja

уборщица

katusepaigaldaja

кровельщик

kelner

официант

jahimees

охотник

maaler

художник

pagar

пекарь

elektrik

электрик

ehitaja

строитель

insener

инженер

lihunik

мясник

torumees

сантехник

postiljon

почтальон

sõdur

солдат

arhitekt

архитектор

kassapidaja

кассир

lillemüüja

флорист

juuksur

парикмахер

piletikontrolör

кондуктор

mehaanik

механик

kapten

капитан

hambaarst

зубной врач

teadlane

ученый

rabi

раввин

imaam

имам

munk

монах

preester

священник

tööriistad

инструменты

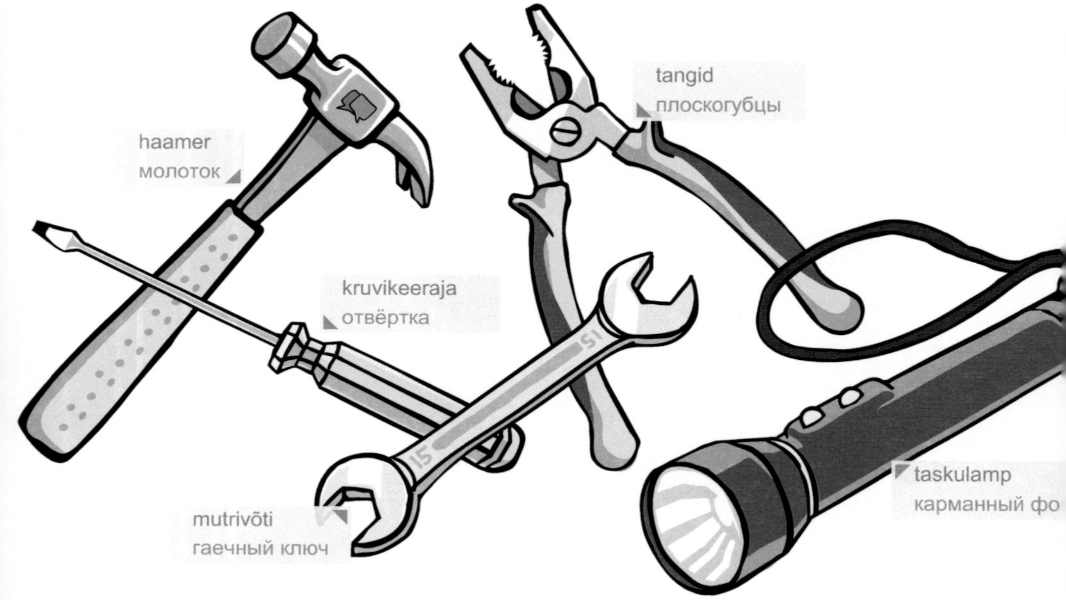

haamer
молоток
tangid
плоскогубцы
kruvikeeraja
отвёртка
mutrivõti
гаечный ключ
taskulamp
карманный фо

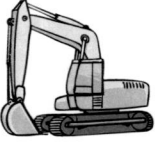

ekskavaator

экскаватор

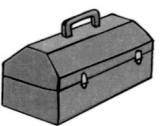

tööriistakast

ящик для инструментов

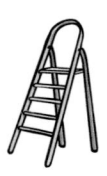

redel

стремянка

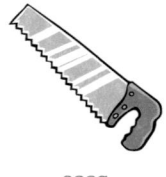

saag

пила

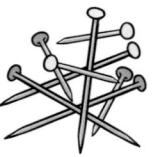

naelad

гвозди

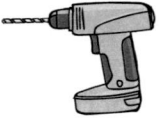

trell

дрель

parandama

ремонтировать

labidas

лопата

Põrgusse!

Блин!

kühvel

совок

värvipott

ведро с краской

kruvid

винты

pillid

музыкальные инструменты

kõlar
громкоговоритель

trummikomplekt
ударный инструмент

kontrabass
контрабас

trompet
труба

kitarr
гитара

klaver

пианино

viiul

скрипка

bass

бас-гитара

timpan

литавры

trummid

барабан

süntesaator

синтезатор

saksofon

саксофон

flööt

флейта

mikrofon

микрофон

loomaaed

зоопарк

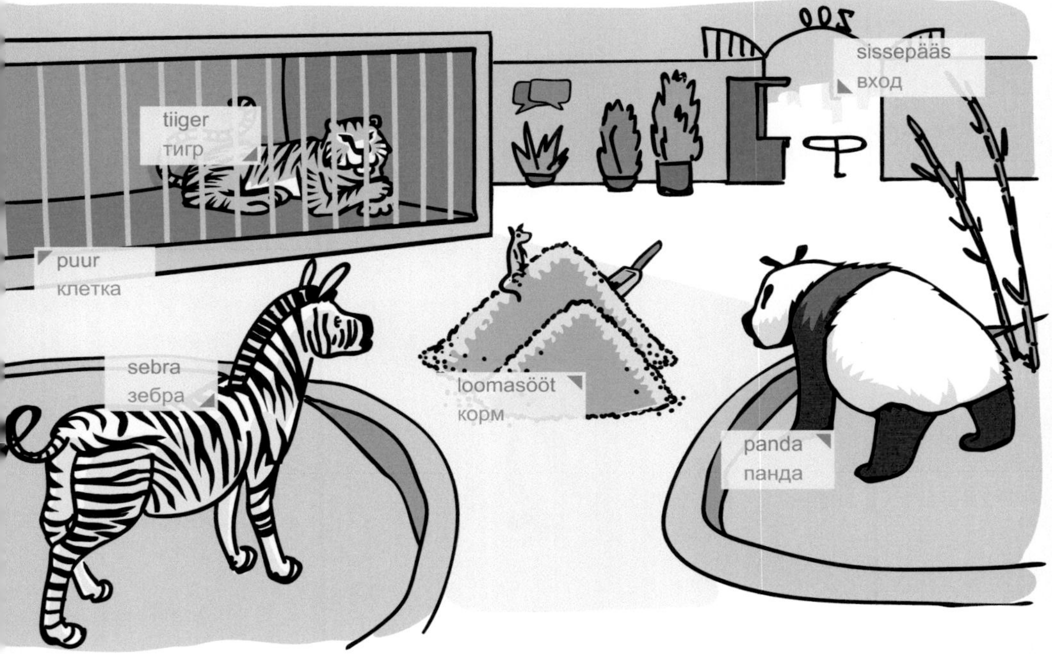
sissepääs
вход
tiiger
тигр
puur
клетка
sebra
зебра
loomasööt
корм
panda
панда

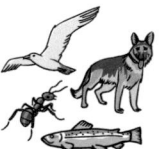

loomad

животные

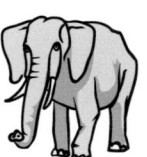

elevant

слон

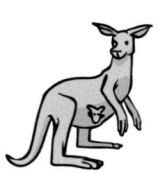

känguru

кенгуру

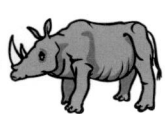

ninasarvik

носорог

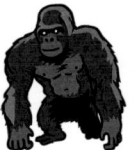

gorilla

горилла

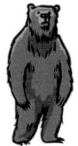

karu

медведь

kaamel

верблюд

jaanalind

страус

lõvi

лев

ahv

обезьяна

flamingo

фламинго

papagoi

попугай

jääkaru

белый медведь

pingviin

пингвин

hai

акула

paabulind

павлин

madu

змея

krokodill

крокодил

loomaaiatalitaja

служитель зоопарка

hüljes

тюлень

jaaguar

ягуар

poni

пони

leopard

леопард

jõehobu

бегемот

kaelkirjak

жираф

kotkas

орёл

metssiga

кабан

kala

рыба

kilpkonn

черепаха

morsk

морж

rebane

лиса

gasell

газель

Ameerika jalgpall
американский футбол

jalgrattasõit
езда на велосипеде

tennis
теннис

korvpall
баскетбол

ujumine
плавание

poksimine
бокс

jäähoki
хоккей

jalgpall
футбол

sulgpall
бадминтон

kergejõustik
лёгкая атлетика

käsipall
гандбол

suusatamine
лыжный спорт

polo
поло

tegevused

действия

naerma
смеяться
hüppama
прыгать
kallistama
обнимать
jalutama
идти
laulma
петь
unistama
мечтать
palvetama
молиться
suudlema
целовать

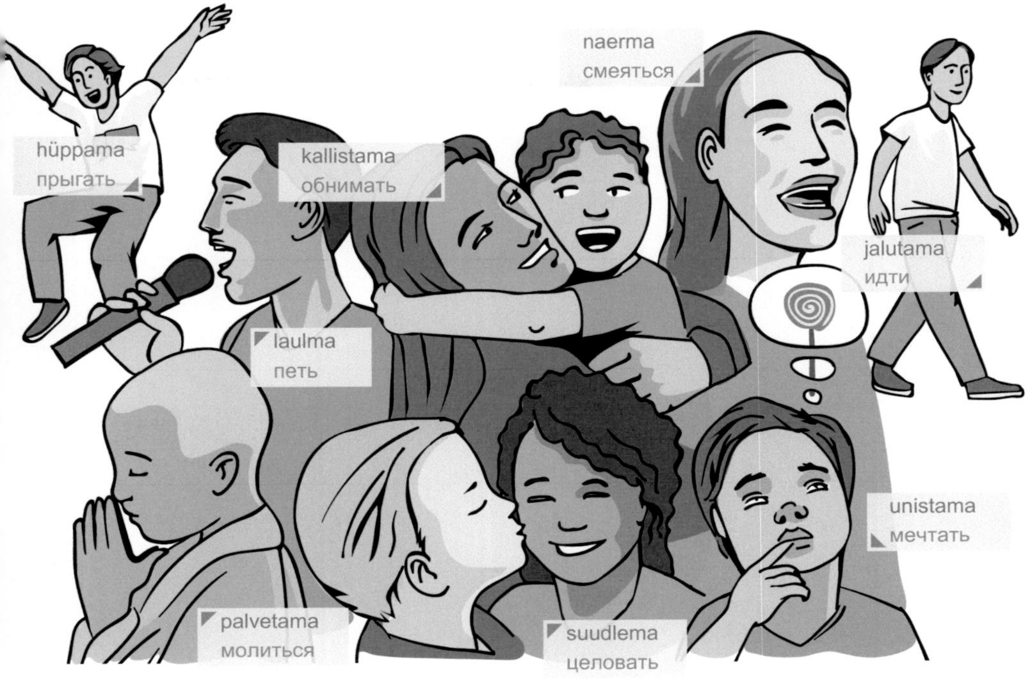

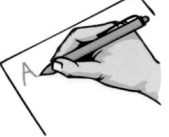

kirjutama

писать

joonistama

рисовать

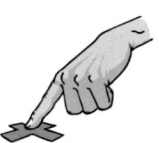

näitama

показывать

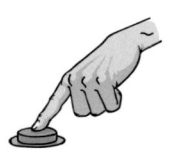

lükkama

нажимать

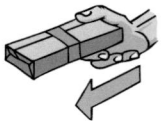

andma

давать

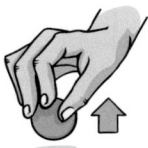

võtma

брать

omama

иметь

tegema

делать

olema

быть

seisma

стоять

jooksma

бежать

tõmbama

тянуть

viskama

бросать

kukkuma

падать

lamama

лежать

ootama

ждать

kandma

носить

istuma

сидеть

riidesse panema

надевать

magama

спать

ärkama

просыпаться

vaatama

рассматривать

nutma

плакать

paitama

гладить

kammima

причесывать

rääkima

говорить

aru saama

понимать

küsima

спрашивать

kuulama

слушать

jooma

пить

sööma

кушать

korrastama

наводить порядок

armastama

любить

süüa tegema

готовить

sõitma

ехать

lendama

летать

purjetama

ходить под парусом

arvutama

считать

lugema

читать

õppima

учиться

töötama

работать

abielluma

вступать в брак

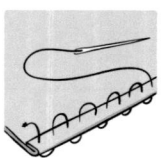

õmblema

шить

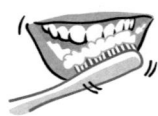

hambaid pesema

чистить зубы

tapma

убивать

suitsetama

курить

saatma

отправлять

vanaema
бабушка

vanaisa
дедушка

isa
папа

ema
мама

imik
младенец

tütar
дочь

poeg
сын

külaline

гость

tädi

тетя

onu

дядя

vend

брат

õde

сестра

keha

тело

otsmik
лоб
silm
глаз
õlg
плечо
sõrm
палец
nägu
лицо
lõug
подбородок
käsi
кисть
rind
грудь
jalg
нога
käsivars
рука

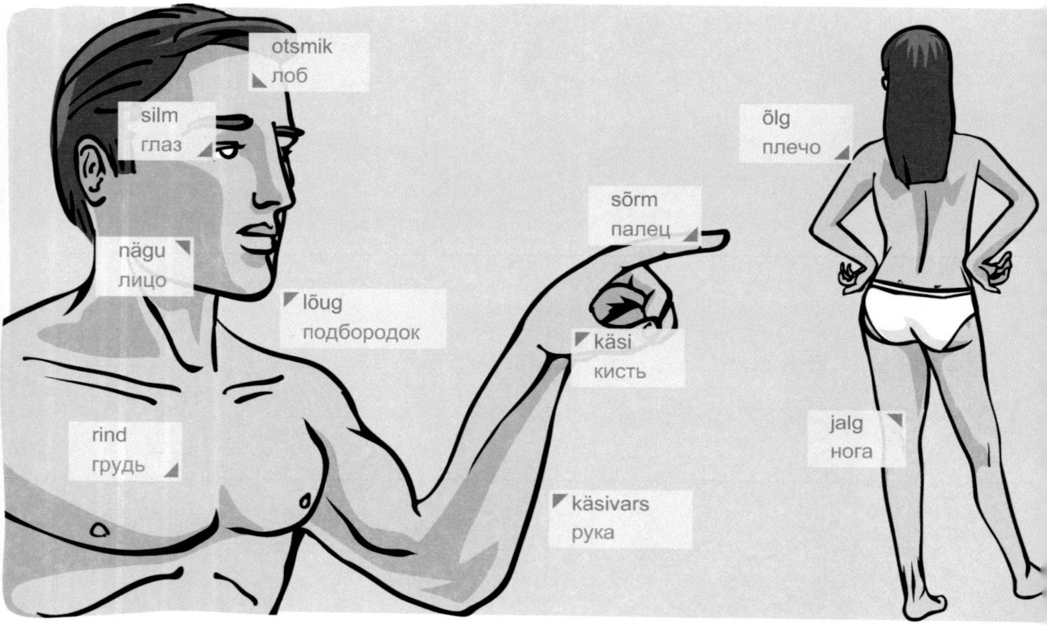

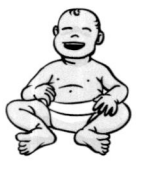

imik

младенец

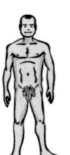

mees

мужчина

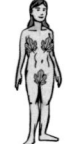

naine

женщина

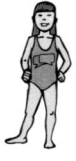

tüdruk

девочка

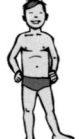

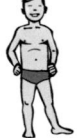

poiss

мальчик

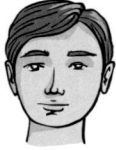

pea

голова

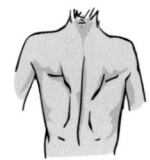

selg

спина

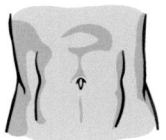

kõht

живот

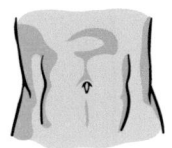

naba

пупок

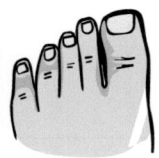

varvas

палец ноги

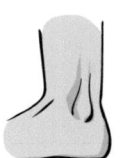

kand

пятка

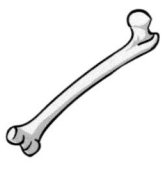

luu

кость

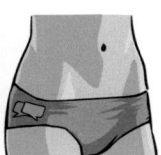

puus

бедро

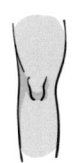

põlv

колено

küünarnukk

локоть

nina

нос

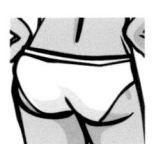

tagumik

ягодицы

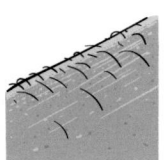

nahk

кожа

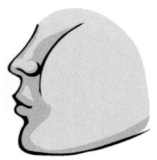

põsk

щека

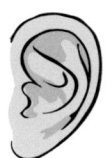

kõrv

ухо

huuled

губа

suu

рот

hammas

зуб

keel

язык

aju

мозг

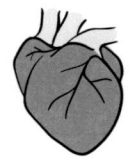

süda

сердце

lihas

мышца

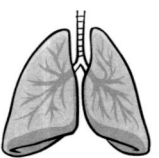

kops

лёгкое

maks

печень

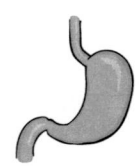

magu

желудок

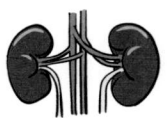

neerud

почки

seksuaalvahekord

половой акт

kondoom

презерватив

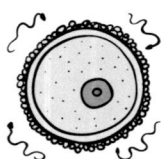

munarakk

яйцеклетка

sperma

сперма

rasedus

беременность

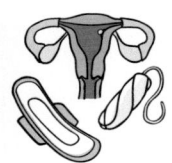

menstruatsioon

менструация

vagiina

вагина

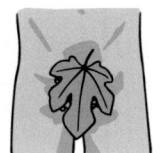

peenis

пенис

kulm

бровь

juuksed

волосы

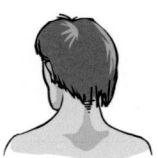

kael

шея

haigla

больница

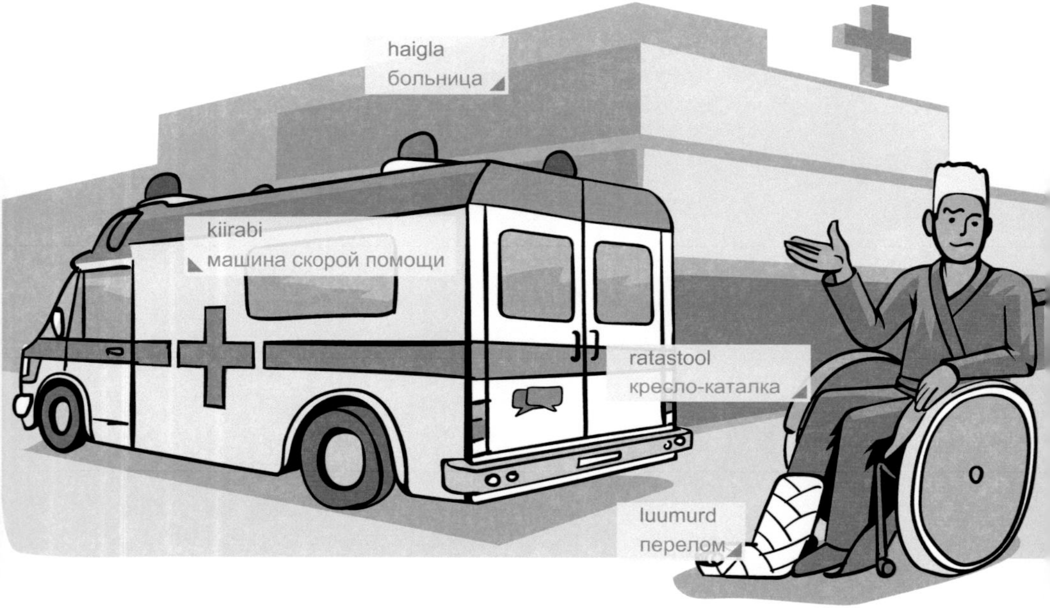

haigla
больница
kiirabi
машина скорой помощи
ratastool
кресло-каталка
luumurd
перелом

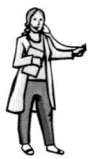

arst

врач

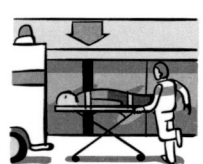

traumapunkt

пункт первой помощи

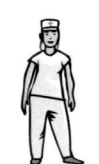

meditsiiniõde

медсестра

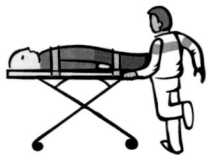

hädaolukord

неотложный случай

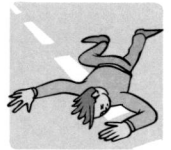

teadvuseta

без сознания

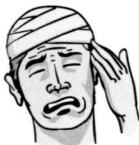

valu

боль

vigastus

повреждение

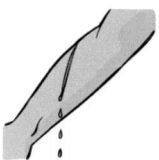

verejooks

кровотечение

südamerabandus

инфаркт

insult

инсульт

allergia

аллергия

köha

кашель

palavik

овышенная температура

gripp

грипп

kõhulahtisus

понос

peavalu

головная боль

vähk

рак

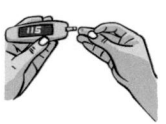

diabeet

диабет

kirurg

хирург

skalpell

скальпель

operatsioon

операция

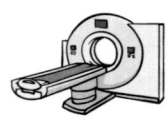

KT

KT

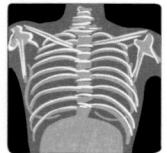

röntgen

рентген

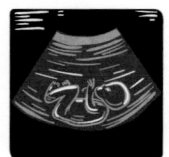

ultraheli

ультразвук

mask

маска

haigus

болезнь

ooteruum

приёмная

kark

костыль

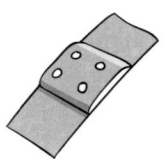

kips

пластырь

side

бинт

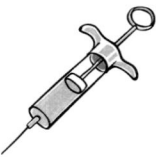

süst

укол

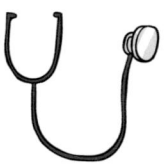

stetoskoop

стетоскоп

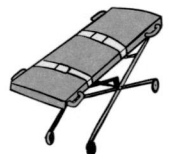

kanderaam

носилки

kraadiklaas

термометр

sünd

рождение

ülekaaluline

избыточный вес

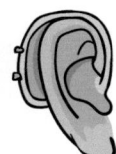

kuuldeaparaat

слуховой аппарат

desinfektsioonivahend

дезинфекционное средство

põletik

инфекция

viirus

вирус

HIV / AIDS

ВИЧ / СПИД

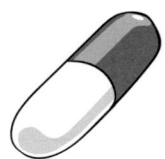

meditsiin

лекарство

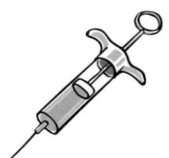

vaktsineerimine

прививка

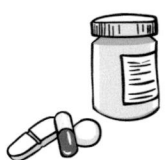

tabletid

таблетки

pill

противозачаточная таблетка

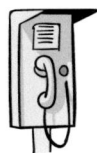

hädaabikõne

экстренный вызов

vererõhuaparaat

прибор для измерения кровяного давления

haige / terve

больной / здоровый

Appi!

Помогите!

kallaletung

нападение

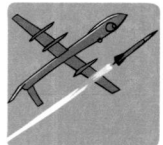

rünnak

атака

oht

опасность

avariiväljapääs

запасной выход

häire

сигнал тревоги

Tulekahju!

Пожар!

õnnetus

несчастный случай

tulekustuti

огнетушитель

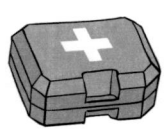

esmaabikomplekt

аптечка

SOS

SOS

politsei

милиция

Euroopa

Европа

Põhja-Ameerika

Северная Америка

Lõuna-Ameerika

Южная Америка

Aafrika

Африка

Aasia

Азия

Austraalia

Австралия

Atlandi ookean

Атлантический океан

Vaikne ookean

Тихий океан

India ookean

Индийский океан

Lõuna-Jäämeri

Антарктический океан

Põhja-Jäämeri

Северный Ледовитый
океан

põhjapoolus

Северный полюс

lõunapoolus

Южный полюс

Antarktika

Антарктика

Maa

земля

maismaa

суша

meri

море

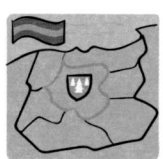

saar

остров

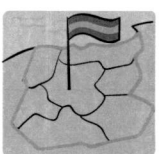

rahvus

нация

riik

государство

sihverplaat

циферблат

tunniosuti

часовая стрелка

minutiosuti

минутная стрелка

sekundiosuti

секундная стрелка

Mis kell on?

Который час?

päev

день

aeg

время

praegu

сейчас

digitaalne kell

электронные часы

minut

минута

tund

час

nädal
неделя

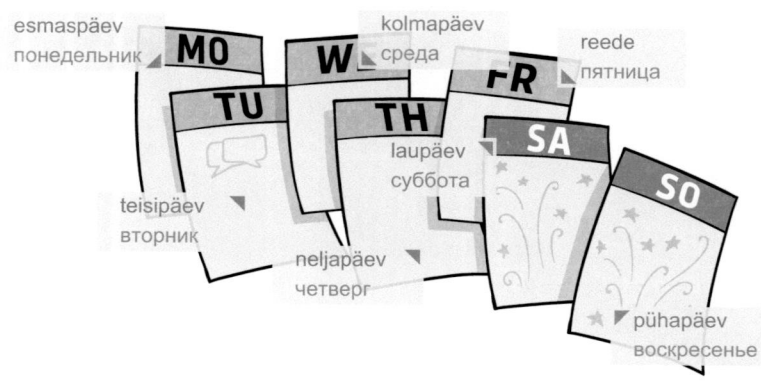

esmaspäev
понедельник **MO**

teisipäev
вторник **TU**

kolmapäev
среда **W**

neljapäev
четверг **TH**

reede
пятница **FR**

laupäev
суббота **SA**

pühapäev
воскресенье **SO**

eile

вчера

täna

сегодня

homme

завтра

hommik

утро

lõuna

полдень

õhtu

вечер

tööpäevad

рабочие дни

nädalavahetus

выходные

vihm
дождь

vikerkaar
радуга

tuul
ветер

lumi
снег

kevad
весна

suvi
лето

sügis
осень

talv
зима

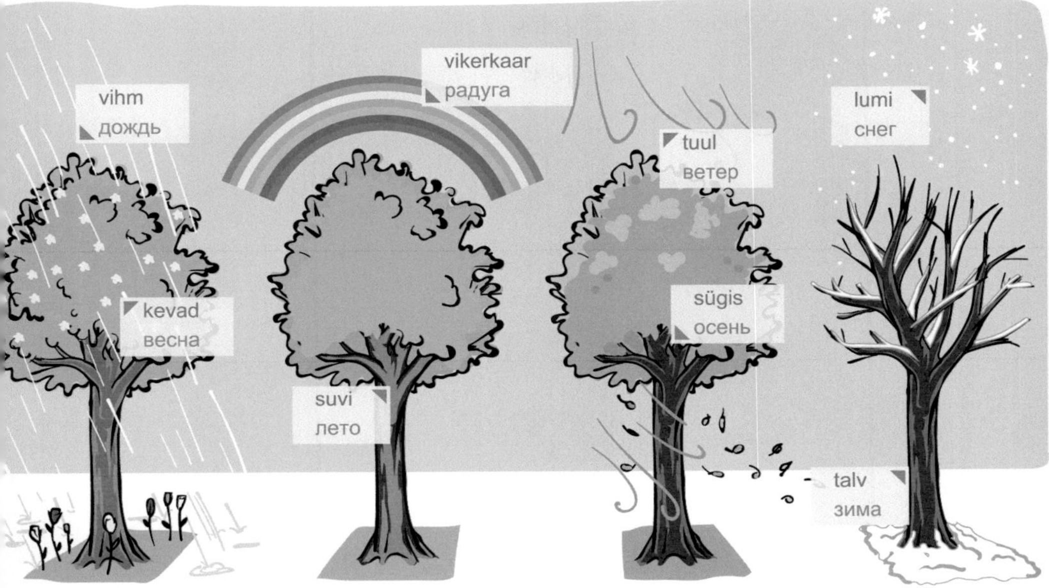

ilmaennustus

прогноз погоды

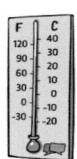

termomeeter

термометр

päikesepaiste

солнечный свет

pilv

туча

udu

туман

niiskus

влажность воздуха

pikne

молния

kõu

гром

torm

буря

rahe

град

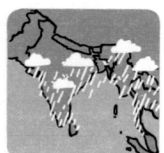

mussoon

муссон

üleujutus

наводнение

jää

лёд

jaanuar

январь

veebruar

февраль

märts

март

aprill

апрель

mai

май

juuni

июнь

juuli

июль

august

август

september

сентябрь

oktoober

октябрь

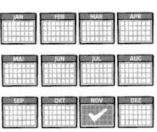

november

ноябрь

detsember

декабрь

kujundid

формы

ring

круг

ruut

квадрат

nelinurk

прямоугольник

kolmnurk

треугольник

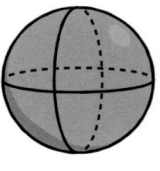

kera

шар

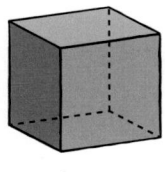

kuup

куб

valge

белый

kollane

желтый

oranž

оранжевый

roosa

розовый

punane

красный

lilla

лиловый

sinine

синий

roheline

зелёный

pruun

коричневый

hall

серый

must

черный

palju / vähe

много / мало

vihane / rahulik

яростный / мирный

ilus / inetu

красивый / уродливый

algus / lõpp

начало / конец

suur / väike

большой / маленький

hele / tume

светлый / темный

vend / õde

брат / сестра

puhas / must

чистый / грязный

täielik / puudulik

полный / неполный

päev / öö

день / ночь

surnud / elus

мёртвый / живой

lai / kitsas

широкий / узкий

söödav / mittesöödav

съедобный / несъедобный

kuri / sõbralik

злой / дружелюбный

põnevil / tüdinud

взволнованный /
скучающий

paks / peenike

толстый / худой

esimene / viimane

сначала / в конце

sõber / vaenlane

друг / враг

täis / tühi

полный / пустой

kõva / pehme

твёрдый / мягкий

raske / kerge

тяжёлый / легкий

nälg / janu

голод / жажда

haige / terve

больной / здоровый

ebaseaduslik / seaduslik

незаконный / законный

tark / rumal

умный / глупый

vasak / parem

слева / справа

lähedal / kaugel

близко / далеко

uus / kasutatud

новый / подержанный

mitte midagi / midagi

ничто / нечто

vana / noor

старый / молодой

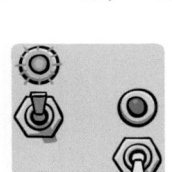

sees / väljas

включено / выключено

lahti / kinni

открыто / закрыто

vaikne / vali

тихо / громко

rikas / vaene

богатый / бедный

õige / vale

правильный /
неправильный

kare / sile

шероховатый / гладкий

kurb / rõõmus

печальный / счастливый

lühike / pikk

короткий / длинный

aeglane / kiire

медленный / быстрый

märg / kuiv

мокрый / сухой

soe / jahe

тёплый / прохладный

sõda / rahu

война / мир

0

null

ноль

1

üks

один

2

kaks

два

3

kolm

три

4

neli

четыре

5

viis

пять

6

kuus

шесть

7

seitse

семь

8

kaheksa

восемь

9

üheksa

девять

10

kümme

десять

11

üksteist

одиннадцать

12

kaksteist

двенадцать

13

kolmteist

тринадцать

14

neliteist

четырнадцать

15

viisteist

пятнадцать

16

kuusteist

шестнадцать

17

seitseteist

семнадцать

18

kaheksateist

восемнадцать

19

üheksateist

девятнадцать

20

kakskümmend

двадцать

100

sada

сто

1.000

tuhat

тысяча

1.000.000

miljon

миллион

inglise

английский

Ameerika inglise

американский английский

mandariini

мандаринский китайский

hindi

хинди

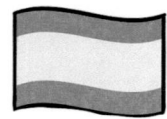

hispaania

испанский

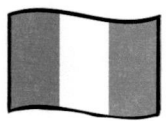

prantsuse

французский

araabia

арабский

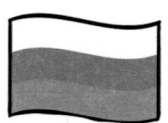

vene

русский

portugali

португальский

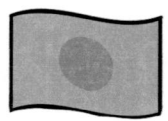

bengali

бенгальский

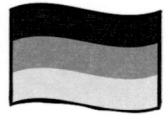

saksa

немецкий

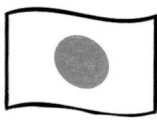

jaapani

японский

mina

я

sina

ты

tema

он / она / оно

meie

мы

teie

вы

nemad

они

kes?

кто?

mis?

что?

kuidas?

как?

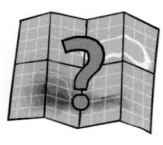

kus?

где?

millal?

когда?

HELLO, I AM

nimi

имя

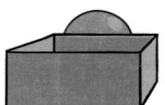

taga

за

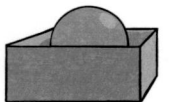

sees

в

ees

перед

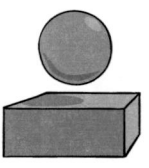

kohal

над

peal

на

all

под

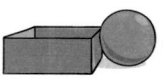

kõrval

рядом

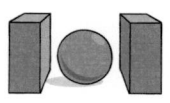

vahel

между

koht

место